U0570359

元脱脱等撰

宋史

第一七册

卷二一五至卷二一七（表）

中華書局

宋史卷二百一十五

表第六

宗室世系一

昔者，帝王之有天下，莫不衆建同姓，以樹蕃屏，其不得以有國者，則亦授之土田，使帥其宗氏，輯其分族。故繼別之宗百世不遷，豈惟賴其崇獎維持以成不拔之基哉。蓋親親之仁，爲國大經，理固然也。周官宗伯掌三族之別以辨親疏，於是敍昭穆而禮法之隆殺行焉。此世系之所以不可不謹也。後世封建廢而宗法壞，帝王之裔，至或雜於民伍，淪爲皂隸，甚可歎也。宋太祖、太宗、魏王之子孫可謂蕃衍盛大矣，支子而下，各以一字別其昭穆，而宗正所掌，有牒、有籍、有錄、有圖、有譜，以敍其系，而第其服屬之遠近，列其男女昏因及官爵敍遷，而著其功罪生死歲月，雖封國之制不可以復古，而宗法之嚴，恩禮之厚，亦可概見。然靖康之變，往往淪徙死亡於兵難，南渡所存十無二三，而國之枝葉日以悴矣。

今因載籍之舊，考其源委，作宗室世系表。

太祖四子：長滕王德秀，次燕王德昭，次舒王德林，次秦王德芳。德秀、德林無後。

燕王房

永興軍節度使、贈太師中書令兼尚書令燕王德昭	建寧軍節度使魏王惟正	馮翊侯從讜	榮國公世程	太子右內率府副率令艾
				太子右內率府副率令究
				太子右內率府副率令

軏　太子右內率府副率令丑　贈感德軍節度使、華原郡公令瑄

三班奉職子洵　贈修武郎子源

伯詵　伯誘

師復

希鄜　希垂　希曹

與鑑　與義　與賢　與隆

		與適
		與達
		與通
	希回	
師循	希啓	與運
		與還
	希尙	與落
		與潤
		與淵
	希格	與适
	希畾	與遜
		與蒙
	希喬	與迪
師徽	希石	
	希佑	

									伯諴	伯詔				伯詡
師彷					師衞			師復		師員	師果	師晷	師晁	師价
希嘉	希皓	希仃	希告	希品	希嗑	希咊	希聲							

		從義郎	子淑											
	伯訥		伯誥		伯詠	伯謨								
師信			師徹			師待				師傳	師价			
			希說	希謨		希瑨	希錄	希坤	希道		希炤	希騄	希文	希鑒
						與霖					與英			

忠訓郎子潾
忠翊郎子瀛
忠訓郎子果
忠訓郎子淵
保義郎子漻
從義郎子昜

師仁
師仍

希禹

太子右內率府副率令璟

東陽郡王令瑲

成忠郎子淵

子石

子榮

子昂

子弼

三班奉職子澥

右班殿直子雯

伯譓

師質

希雄

希愈

	武翊大夫令悳										左侍禁
承節郎子立	承節郎子湝	成忠郎子澤									
		伯通	伯達	伯逵					伯适	伯俊	
		師定		師孟	師誴	師杜	師複	師膴			
		希虔			希聯	希散					
		與德									

中國公世智	令瑝	
	秉義郎令庲	成忠郎子榮
		成信郎子營
	敦武郎令頠	
	太子右內率府副率令唐	
	房陵郡公令沂	贈武功大夫子堅
		成忠郎

右屯衛大將軍

子惠
三班奉職子薦
武翊郎子舉
左奉議郎子轀
承節郎子傅
成忠郎子昌
承節郎子榮
東頭供奉官子

馮翊侯

世覃

令儲

右監門率府副率令瑀

太子右率府率副率〔二〕令踺

贈少師、建國公

令辟

厚

三班奉職子元

贈武義郎子瓔

伯壽

師旦

希淪

希偃

希作

與晟

西京左藏庫副使子理
武翼大夫子琳
從義郎子昕
修武郎子暘

伯通
伯惠
伯純

師古
師心
師顏

希伋

武德軍節度使、奉化郡公令緝																				
從義郎子皞	武經郎子晞							從義郎子玉	武翼郎子珊											
	伯顒								伯祿											
	師警		師訥	師循		師諗			師總											
	希侶	希佼		希徐	希僢	希佰			希倆											

三班奉職子懿　武節郎子佩　訓武郎子玘

伯祐　伯禋　伯祉　伯襗

師約　師曒　師春　師鄹　師參　師伊　師何

希文　希儒　希僊　希道　希晏　希向　希補　希逋　希遲

														武康軍
伯禔			伯裕											
師俌	師份	師佚	師伸	師侑	師儉					師僊				
	希源		希琍	希玷	希璔	希璛	希玫	希琈	希琪	希助	希瓌	希鋠	希勱	

節度使、洋國公令瑑

三班奉職子球　贈武翼郎子弼

伯鎮　伯鉞　伯鎰　伯銑　伯鋐　伯鏞　伯鐸　伯鋐

師換　師一　師僚　師晉

希囦　希冉　希迺　希逕　希邁

與昌

	修武郎	子景	右侍禁	子強	修武郎	子杲	訓武郎	子蕙	從義郎	子鷟	武德郎	子卨		
												伯鑑		
師賽												師鄹		
希浚												希鶱	希賜	希冉

				忠翊郎子褫					修武郎子石		忠翊郎子維
		伯有		伯鑛			伯鑄	伯銖	伯鏻	伯銓	
	師凱	師吶	師嘈	師璵	師琥	師玵					
希商	希慕	希彭									
	與進										

遂康侯　令剬

右朝請大夫子琥　朝奉大夫子璪　秉義郎子玖

伯鎭　伯覿　伯顥　伯昌　伯穌

師仁　師樂　師姬　師葳

希譓　希扎　希路　希軻

與權

				東牟侯	令賽									
				武翊大	夫子涼	子惇								
伯桀						伯殳					伯琭			
師逮			師逖			師贊				師周	師舜			
希昉	希鎮	希頠				希遻		希淏	希濾		希騊			
						與訥	與讄				與溹		與澤	
											孟熷	孟燎	孟抃	孟覼

							太子右監門率府率令棤	贈正議大夫令誠	
								右奉議郎子孟	
						伯用		伯嵩	伯崇
師禹	師撫		師椱	師棆					師意
	希炥	希炔	希煁	希曣					希梃
	與塊		與擛	與岍	與[illegible]				與仜
			孟鍑						孟溹

				師利							師綵			
	希橦		希析	希鋒		希鐀	希鈵			希鏌	希鑪			希焱
與伈	與詪	與譏	與熜	與浡	與涔	與潯	與淖	與泭	與湝		與灃			與柅
											孟睞	孟睄	孟瞱	

													承事郎	子耆
伯为		伯峑										伯山		
師从		師向	師同			師解								
希邂	希邅	希弁	希羃	希弊	希畀	希瑁		希珞		希碧	希瓔			
與[illegible]					與罙	與栖	與棖	與檽	與櫑	與榬	與栫			

開國伯	令琬			左藏庫	使令洄							贈太保	令玒	
迪功郎	子漸	子澤	子和	成忠郎	子廙	三班奉	職子廱	保義郎	子邁	保義郎	子默	從義郎	子文	
		伯邵											伯康	伯府
													師雷	師拳
													希敬	

左班殿直令惲

武翼大夫子亮

伯藻　伯穹

師保　師昍　師僙　師帷　師萬　師辡　師褱

希杭　希擠　希搏　希潚　希譔　希炅

與竒　與話　與禰　與禧　與祇

孟佌

				贈朝散郎令牟	承信郎子顏				
					左朝奉大夫子頎	伯瑄	師仙		
						伯朋			
						伯功			
						伯玆			
						伯秫			
					承奉郎子顲	伯嚴	師偒	希肱	
								希膃	與蓮
									與蘗
							師僖		
							師伊		

武翊郎令彬	忠翊郎子頤	伯簡		
		伯从		
	忠翊郎子昌	伯礜	師[illegible]	
	訓武郎子晙	伯牟	師鄒	希鍚
		伯演	師桁	
		伯璮		
	武經郎子昂	伯珂		
	承節郎子景			
左班殿直令齯				

			信都郡公世繁	東平侯令閑	中大夫子昇	伯壽	師朿	希㬎
								希戈
								希衝
					右班殿直子溫			
				太子右監門率府率令畎				
				敦武郎令玧	宣教郎子求	伯淵	師眈	
						伯源		
						伯瀛	師應	
							師褒	

						榮國公世卓	
		敦武郎令艟		右班殿直令城		修武郎令凱	右朝散
右迪功郎子褒	承節郎子振	成忠郎子才					
師衰							
希嶔	希㧐	希䫌	希槐				

大夫令軞	子珣	伯頮	師莘
	成忠郎子瑋		
武節郎令縻			
右班殿直令澪			
右班殿直令趌			
右班殿直令鍈			
從義郎令峻	子瓌		
	子琚		

子衢	子瑚													
伯龍	伯蕃	伯鈺					伯鋑		伯銳					
	師稷	師綤			師鐔		師湘		師㭊		師掄	師椽	師推	師榛
	希潅	希愐	希溢	希瀝	希沸	希漟	希送	希邀	希僚	希衍			希企	

			感德軍節度使、冀王惟吉							
			丹陽郡王從節							
			南康郡王世永							
			崇國公、諡溫獻令圖							
			太子右內率府副率子上	子張						
伯代				伯咨	伯參					
師棠		師掌			師山			師說	師瑗	
希所	希油				希齡				希辯	
					與輝		與遠		與年	
					孟溫				孟忠	孟愿
					由瑢	由珌				

											集慶軍	承宣使	子野	
							伯慥	伯夔					伯莊	
							師言	師充	師眞	師心			師召	師孟
								希虢	希魯	希顏			希鐸	
					與昌			與宏					與流	
孟恕	孟蓀	孟懋	孟志		孟慽	孟憶		孟渫					孟樟	
			由關	由閎										

伯能

師惠　師文　師尹　師向　師文　師哲

希現　希煥　希賜

與思　與懋　與楫　與稠　與悉　與炎　與規

孟涫　孟涓　孟汯　孟琰　孟淪　孟滿

													太子右內率府
伯源			伯侑		伯适								
師德	師口	師魯	師敺		師古	師横						師顥	
			希悉	希嚞		希瀾	希洽	希鴻		希歆			
				與穌		與勉	與召	與庾		與詔	與誨		
						孟謨	孟僑	孟慶	孟膺				

		榮國公、	諡良懿	令瑤										
副率子	漑	太子右	內率府	副率子	印	封馮翼	侯子廙	三班奉	職子庠	內殿崇	班子彥	武經郎	子離	
							伯岌				伯倄		伯崇	
													師律	師潘
														希睊
														與孚

				伯華								
			師沔	師景								
		希薈		希爽				希亭				希旨
與梓	與佖	與逸	與迓	與博	與隱	與轂	與陖	與存	與恕	與時	與偀	與恍
						孟鍇						

				師餘								師昇		
		希賓	希居	希詁	希詷		希謙					希褒	希冒	
與悛	與愃				與遫	與𨑩	與忕	與遛	與遴	與遬	與遞	與的	與晤	與穗
孟顯														

				東陽郡	公令樞									
				華州觀	察使子	赤								
						伯光								
	師杲					師侶								
希繪	希弁	希訥	希彼			希功					希稷	希善		
	與澍					與暘	與防			與曬	與昕	與學	與基	與合
							孟醇	孟通	孟傳					孟喻
									由埧					
									宜高					

內殿崇班子益

伯祿　伯仁　伯祜　伯虢

師元

希瓆　希珈　希琭　希瑚

與老　與沂　與問　與暐

孟嘩　孟咊　孟儷

由檀

											房國公	令滓	建國公	令朔
修武郎	子奭	太子右	率府副	率子柳	封饒國	使〔二〕	子照		右班殿	直子燾	右班殿	直子韶	東頭供	奉官子
							伯端	伯翊						

建												修武郎	子健	修武郎
伯堅										伯誠	伯達			
師道			師翾	師眒	師冢					師勝				
希侑			希逸		希瑽			希墲	希璪					
與憝	與籧	與忞	與荓		與高	與楣	與栛							

子迋
秉義郎子挺　伯禧
　　　　　　伯祈　師儞　希懋　與倰　孟寶
　　　　　　　　　　　　　　　　　　孟定
　　　　　　　　　　　　　　　　　　孟宬
　　　　　　　　　　　希忘
　　　　　　伯祀
忠翊郎子巡
子迋
保義郎子適
承節郎子迴

彭城郡公世延

單州防禦使令羽　華原郡公令續

承信郎子邏　秉義郎子暾　忠翊郎子腦　太子右內率府副率子遽　武經大夫子經

伯況

師悳

希憲

與詯

孟連　孟述

由倫

字晉　安晉

										希瓌				
	與詩		與謩	與諤	與諮			與訃	與訹	與譍		與訔	與訡	與譥
孟蘧	孟選	孟邇	孟藻	孟溥	孟瀾	孟泌	孟澥			孟著	孟若		孟芳	
				由桂						由寃				

										師恩
									希明	希章
與誼	與諫	與莘							與譤	與訦
	孟津	孟瀛	孟湟	孟泂	孟瀚	孟滈	孟澄	孟混	孟遒	孟週
										孟遽

伯蒲

師宣

希懿 希惠 希宥 希優

與詡 與證 與諲 與諳 與詅

孟運 孟逕 孟鍾 孟銑 孟鏁 孟鐦 孟錤 孟鍔

由洙 由泗

			師察
		伯汶	
		伯浩	
		伯洙	師偰
		伯湛	
		伯洵	
常山侯令擢	左領軍衛將軍子紳	伯嘉	
		伯順	師右
	三班奉職子紳		
	武經大夫子綱	伯和	
		伯順	

修武節郎子綸〔三〕	伯添	師古	希倪	與法	孟扑	由珝
					孟杞	
					孟楝	由瓌
						由琉
					孟權	
					孟檜	由琩
				與湏	孟模	由熮
						由燦
				與減	孟枘	
					孟楈	
				與湝	孟檍	
				與澮	孟楷	由珮
					孟椿	
				與浪	孟樸	

						伯昝								伯戚
		師耋		師直	師志	師善							師周	師堯
		希顓				希琪								希璙
與瀅		與漏	與點			與梲	與桶	與栝				與稃		與慶
孟櫧	孟株		孟[illegible]					孟逢	孟鏦	孟鍨	孟浯			

伯訢	伯譁													伯訟
	師秀												師毫	
	希璧	希巨			希受	希璭		希醴	希妙	希莅		希珀		
		與淳	與棧			與橒				與儆	與偬			
		孟謀	孟義	孟宮		孟徑	孟禥							

左侍禁	子綅	右班殿直	子綏											
			伯和											
			師閎					師顔						
			希左					希㶕						
			與瑢			與琦	與瓘	與旃					與休	與陵
			孟樞	孟鐸	孟鍒	孟鏜		孟坦			孟淳	孟成		孟軑
				由潙	由渚			由璹	由達	由道	由玿	由瑭		

						師粗								
			希侁		希儁	希噲	希榮		希陘	希陵	希諾		希措	
與容			與岌	與塏	與霽		與琇				與官	與瓅	與琰	與璁
孟輗	孟軓	孟輪					孟輷	孟軨			孟侄			孟瀴
							由迄							

		師李												
		希聿	希琢					希瑔						希玐
與⿺廴垂	與瑠		與轒		與轍		與軺	與輧			與輶		與軼	與⿰車遂
	孟⿰亻元		孟鋅	孟錸	孟藁	孟莌		孟琡	孟瑀	孟珃	孟瓖	孟瓔		

														子純
														伯通
		師曉					師軾							師文
	希迒	希鍾	希銘	希錢		希錦	希[illegible]					希勛		希奭
與輖		與杉		與鍺	與袱		與晾	與暃	與旴	與晀	與暒	與吧		
												孟鏻	孟鈜	

伯道														
師尹	師亦				師儀	師亶		師襄				師豪		
希召		希盛			希贊			希陶				希僚	希光	希變
與安			與熏	與樵	與然		與愯	與慷	與潘	與洎	與潞	與澶	與[虫爭]	
孟海							孟慨	孟珃			孟榛	孟瑋		

師臣

希稷　希麟

與坤　與瓏

孟潤　孟渙　孟漶　孟滋　孟澄　孟泳　孟僔　孟俱

由侄　由侁　由伏　由潟　由佟　由儒　由佳　由倈　由保

												太子右內率府
								保義郎子鐸				
		伯進	伯連					伯源	伯滌	伯洪	伯江	
師靖	師勣		師望		師典					師棟		
希葵			希榘	希奠	希榕	希禟	希椯			希翔		
與璐												

副率令季

北海郡公世符
彭城侯令蠋
太子右內率府副率子獻
伯夷
伯通
供備庫副使子猷
伯⿰犭先
師澤
希聽
師湛
伯茲
伯澤
內殿崇班子默

				右衛大將軍令邦〔四〕	贈南陽侯令想		
忠訓郎子裒			左班殿直子文		子襄	修武郎子辰	訓武郎子襲
伯儀	伯道	伯達	伯強				伯伸
		師繪					

	修武郎	子裒												
伯儼		伯伸		伯儀										
		師導		師召	師燻					師暠				師顓
		希鵬	希諵		希訔			希諂	希謳	希飲	希砉	希善	希獻	
		與搢			與鼎	與漼	與俏		與撫		與璿	與坿		

淮陽侯守約

右監門率府率世寵　北海郡公世靜

左班殿直令皭　太子右內率府副率令　伯　昌國公、諡孝良

子錫　子祐　右班殿直子裒　貴州團練使子

伯琛　伯訥

師貢　師譁

希庀

令遷								
沆	武節郎子元	左領軍衛大將軍子仲			贈武節大夫子朔			
伯惑	伯侮	伯嘉			伯逸	伯運		
		師孟	師回	師錫		師銳		
						希冉		希沺
						與託	與櫝	與輈
						孟樠	孟驃	孟伳

					伯迹									
					師龍	師勱	師雄							
	希宿				希醇			希聿	希奇					
	與瓌	與璵	與璨		與珎					與轠	與輕	與軾	與輍	與輯
孟祻	孟文	孟粢	孟禾	孟杓	孟采									
					由泆									

													贈武翊大夫子	
								師懺		師武				
		希蓁		希⿱代心				希總		希□		希棪		
	與⿱空土	與家	與寯	與⿰王余	與璼	與北	與玭	與珅	與珽	與漎	與濼	與沿		
孟彰		孟佀	孟俐			孟伶		孟偒	孟榜					

楝

伯擇　伯黨　伯客　伯迪　伯咨

師文　師酉　師恭　師裔

希禾　希濂　希漂　希溢

與衞　與炫　與柜　與欐

孟連　孟鍭　孟輅　孟侗　孟僾　孟燬　孟晙　孟婉

由栩　由檜　由栤

									師許					
			希瀨	希灃					希鏜	希鉍	希銻	希鍝		希□
			與秩	與棣	與枱	與樴	與樎	與槁				與獻	與般	
孟煻	孟爙	孟𤌧	孟昊									孟槃		

								伯冷						
		師試					師讀	師胥		師珏				師瑋
希□	希瑞	希□						希藻	希隨	希偆	希假	希膺		
	與杭	與瀶	與淮	與澱	與洵	與汥						與地		
		孟榛										孟樘	孟欄	

									廣平侯
修武郎子晪	武經郎子昪	從義郎子曈	武節郎子□			從義郎子暐	子瑋		
			伯椿	伯鎮	伯筠		伯惑	伯侮	

贈洋國公世綿

令器 太子右內率府副率　令琲 太子右內率府副率　令□

子瑑　文林郎

伯詵

師壽

希勉

與杓　與朴

孟璞　孟弼　孟高　孟倫

由作　由頤　由興　由俊　由傳

宜遠

	博平侯	令虛												
子瓌	武節郎	子嶲												
		伯玉												
		師正							師必					
		希騂		希驂	希騏			希驛	希知		希昔			
		與忠	與亲	與佴	與材	與宜	與鉊		與退		與交			與序
		孟煇	孟浮	孟琍					孟友	孟皞	孟煥	孟燁	孟鏞	
												由誨	由禮	

											伯才			
											師元	師鍠		
希謜	希得											希黶		希思
	與俅			與俁		與傚		與佩				與敀	與澮	與迢
	孟贋		孟賫	孟潫	孟埛	孟圳	孟墻	孟洲	孟鐊	孟渾				
	由伸	由侶												

												伯瑮		
	師庚	師武		師度							師慶	師烁		
	希敎	希咊		希潗	希瀰	希熙		希犖	希點	希黔	希枋	希𦙶		
與邂		與璵	與□	與榴	與攝	與墀	與櫝				與橄	與遊		
												孟鎊	孟鏘	孟鐫

師爌	師煉				師煜		師炫							
希褒		希縮	希至	希訟	希懃	希時	希堂							
										與遐		與邈	與迂	
								孟埡	孟壞	孟垠	孟鍵			孟鐔

													德國公、	諡良僖
														左中奉
		伯珪	伯岡											
			師笑					師昊	師尌			師夋		
希兗	希還		希殖	希液	希垾		希饌		希墕	希條	希傾	希扗		
與彰					與偟	與儗						與潛		

令熅														
大夫子	鈞										子鐏	子權	子濬	
	伯言	伯諴	伯詠							伯謊			伯說	伯訢
			師藝		師呂	師參	師噩	師吾					師愭	
			希霖	希邢			希鴻	希謍	希膽				希宿	
								與埱					與栵	

贈高密侯令□

承議郎子燀 從義郎子坦 成忠郎子鑒 忠義郎子槩 子榮 三班奉職子濟 修武郎子雍

伯讜 伯成

師仁 師義

												伯勔	伯勤	
師禮	師憲							師賓					師造	
	希閎							希弜					希桿	
	與楝	與檀	與榕	與橾	與梁	與橓	與榔	與芬	與薰	與萇	與薵		與薄	與灢
		孟燡	孟熣	孟椁	孟椅									
		由墉												

伯勱														
師文					師礪									
					希珹		希眍				希琔	希和		
	與藩	與淋			與濨	與律	與衕	與漨	與灌		與濼			與瀏
	孟烱	孟桁	孟柠	孟珀	孟璒					孟倸	孟伺		孟仜	孟微

右班殿直子京	右班殿直子堅	秉義郎子覿								贈朝請大夫子
		伯助	伯瓛	伯瓚						
			師迒	師洵	師汴	師濎				
						希時	希昭	希晅	希晀	

亮 秉義郎子充 子彝 贈訓武郎子皐 保義郎、坐事勒停〔三〕 子懋

伯慥 伯忱

師儆 師侃 師穩 師顒

希滬 希瀁 希濬 希初

與澔 與柖 與榜

孟栗

											伯恪			
		師顧					師頡			師頒	師辛			
希建	希裨	希烝			希各	希涵	希濬	希汋	希涗	希角	希阮	希階	希陏	希陔
與倈		與伻	與滸	與傑		與讀	與杯			與軆	與賫			與轒
孟鋒														

										令辟贈右衛大將軍		
										子堅成忠郎		
		伯憯								伯浚		
		師佑			師倭			師遄	師劉	師旦	師望	師躬
	希陪	希府	希絃	希綸	希[illegible]	希[illegible]	希玅		希珗			希絢
與[illegible]				與樞	與佟		與燱					與僁
												孟[illegible]

					孟鉻
	伯紹				
武翊郎子堂	伯滌	師譁	希旻	與璽	
			希顯		
			希願	與峕	孟琥
				與慕	
			希鐕		
			希鏚	與廡	
			希鎮	與瀰	
				與沺	
			希顏	與珸	
				與壨	孟相
					孟楗
					孟灃

				伯溫	伯淵	伯澄	伯澎							伯洋
							師愍						師恚	
希亢	希顧	希菘	希莠				希崢					希枅	希嶇	
							與㳽	與洚	與湧	與渚		與遡		
									孟[illegible]	孟椆	孟棔	孟浠		

右千牛衛將軍令密　贈榮國公令蟾

忠訓郎子塈　太子右內率府副率子遘　右班殿直子瑢

伯滂　伯褒　伯覽　伯戩　伯來

訓武郎	子珣													
	伯順	伯騏	伯頌											
			師葎											
			希穎	希源			希準	希溫	希泗					希潚
				與岊	與棹	與栻		與橦	與岱	與楠	與楬	與榏	與檡	與漑

	師蘇								師董					
希浦	希濟	希湕							希灝					
與楕		與栰	與棟	與楅	與桁	與樽	與⿰木劉	與橫	與枅	與槿				
				孟燋	孟熠	孟熉				孟⿺廴⿱丕壬	孟渭	孟烳	孟義	孟炤

												忠訓郎	子暐	
				伯頓	伯頡					伯穎	伯顛		伯類	伯顉
					師蟄				師藹					
希溶	希江	希潮	希湧		希濆			希澰	希[illegible]					
與傔			與暚		與滲	與榱	與櫌		與櫪					
孟享														

													修武郎	子棋
伯龥														
師著										師恭				
希太										希熊		希祥		
與進				與逵						與近	與照	與運		
孟謹		孟諒	孟諴	孟獻	孟晈				孟曄					
由璲	由鑠				由⿰火侖	由⿰王凡	由⿰王覃	由濱						

			贈東平侯令鑑					
右班殿直子眞	忠翊郎子瓘	秉義郎子琰	訓武郎子櫟	訓武郎子瑑	右班殿直子琇	子玽		
			伯驥			伯适		
						師磊	師覘	
							希珹	希璶

令	贈昌國武節郎公令柯
子	子晉
伯	伯采　伯通　伯孝
師	師智　師授　師坐　師悠　師穀　師範　師模
希	希璆　希瓛　希頀　希栟　希隆　希鑪　希釪　希鈍　希錚　希鏗
與	與遷

濟陰郡公世長　昌國公世滋

贈汝南侯令赫　太子右內率府副率令輯

武經郎子彭　左班殿直子周　右侍禁子瑜　子綸

伯盆

師槩

希祗

與宕　與浮

孟頫

太子右內率府副率令鏇	太子右內率府副率令昆	贈河內侯令埤					
		贈武節郎子佑					
		伯齊				伯德	
		師肇	師彰	師彭		師彤	
		希貴		希誧		希峻	希佾
		與諄		與寬	與璞		與迩
		孟訹			孟許		

										師勿				
		希郊		希淸	希祺					希摯	希擇			希括
與釤		與杓			與效		與敭	與敳	與敓		與薌	與拳	與蓁	
孟浸	孟浹	孟晫	孟旿		孟曨	孟璋	孟喚							

										成忠郎	子伋	秉義郎	子偘	
伯青	伯象												伯訡	
	師彤				師紀			師流					師寊	
	希肇			希諻	希淀		希浰	希偋	希楗				希諹	
	與遡	與逵	與煤		與蜂	與燗	與煻		與縱				與襄	與禀
														孟琤

														贈東萊
														忠訓郎
				師旻										
				希幹					希轄	希□				
			與萅	與棨						與茱	與柎	與檰	與橙	
孟瑫	孟溫	孟璩		孟燿	孟樂	孟焰	孟煠	孟爤			孟檔		孟煇	

侯令梲

子繼　右侍禁子亮

伯仝　伯全

師鉉　師焯

希璵　希玉　希棠　希瑑　希鏘

與寓　與齊　與籔　與檯

孟簨　孟簡　孟湮　孟淤　孟傎　孟佽　孟僧　孟儜

右侍禁	子純	秉義郎	子維											
			伯玘											
			師霆	師霷										
			希陽	希夷							希陳	希際	希對	希則
				與祿				與選				與潰		與淒
				孟拱	孟推	孟採	孟捡	孟侶	孟□	孟[illegible]		孟泉		
								由材						

									師䨟	師潯				
			希庸		希業					希綜	希玖			
與沺			與遂	與得	與進	與察	與隶	與胥	與宇			與宰	與□	
孟玸	孟璩	孟[illegible]	孟璞				孟切					孟瀠	孟瀧	孟瀟

			師霑							師䍡				
		希玲	希岃				希屶		希嶺	希歟			希數	希敵
與寀	與宔		與樤	與棨	與樿	與榷	與樛	與榼	與橈	與堅	與坙	與型		與垒
孟宴														孟晛

右班殿直子繹

伯超

師琬　師瓊

希致　希敳　希敦　希滸　希洵　希濟

與熊　與忻　與怛　與堡　與瑊　與琙

孟晛　孟錪　孟鋙　孟鐱　孟鏑　孟鍍　孟銑

由楹

														富水侯
											東頭供	奉官令	播	太子右
										伯越				
								師玭	師璟					
希襄	希潦					希沚	希沆							
	與珖		與培	與墀	與埭		與澳							
	孟伀	孟儦			孟鋗		孟鐶							

世祚	內率府副率令珅

校勘記

〔一〕太子右率府率副率　按本書卷一六二職官志無此官名，據上下文，疑是「太子右內率府副率」之訛。

〔二〕饒國使　按宋制無此封爵。「使」，殿、局本作「侯」，恐也誤，疑應作「公」。

〔三〕修武節郎子綸　按本書卷一六九職官志有修武郎、武節郎，而無修武節郎，此處當有衍誤。

〔四〕右衛大將軍令邦　「右」、「衛」間原有墨丁。按本書卷一六六職官志有右衛大將軍、右武衛大將軍、右驍衛大將軍、右屯衛大將軍，未知孰是。

〔五〕坐事勒停　「勒停」原作「停勒」。按宋會要帝系四之九皇祐五年九月七日詔：「應宗室犯姦私不孝贓罪，若法至除名勒停者，并不得敍用。」又本書「勒停」字屢見，而無「停勒」。今改。

宋史卷二百一十六

表第七

宗室世系二

楚國公守巽	
太師、虢王世清	
太子內率府副率令瓚	贈少師令廊
贈清遠軍節度使子騫	
伯應	伯膺
師理	師璭

伯廣			伯慶			伯⿰犭光	伯珏					伯林		
師瑊	師玠	師瑜	師堅				師球					師權		
			希楮				希稹					希訴		希諺
			與夔		與器		與宻		與齡	與渙	與扃	與及	與宬	
			孟玠	孟昳	孟瀌		孟灡	孟寓						
							由佋							

再贈武經大夫	子閎												
	伯庶												
	師濤												
	希昪							希溢				希充	
	與春			與計	與澤	與常	與熚	與龍	與焰	與膜	與炢	與褍	與根
	孟鐈	孟鏳	孟釧	孟鍈	孟檏			孟潪					

				伯庠	伯廙									
		師燾	師嘉			師祿	師燾	師仰						
希良								希祐						
與制								與欅				與榅		
孟持	孟楈							孟澲	孟渭	孟潾	孟湋	孟悳	孟慈	孟態
												由明	由晨	由懽

希彥　希迴　希拱

與鏵　與鑣　與釦　與鈊　與鎙　與鐖　與鈰　與鈔

孟淒　孟坐　孟暚　孟曉　孟量　孟暉　孟暈　孟言

由悰　由佺

														伯庚
		師仔												
		希踽							希民					
與鋈		與湦				與峚	與鏊		與熣	與爟	與熿	與爀	與沂	
孟暩	孟曎	孟意	孟懃	孟慮	孟恖		孟韶	孟戀						

													子損忠訓郎
伯康	伯唐	伯度		伯廲									伯康
		師信	師盾	師頔		師垍	師綬	師巡		師宿	師兢		師闓
		希湛	希椲	希議	希詸		希綎	希絢	希絹	希柲	希綡	希緭	希止
													與棪
													孟仕
													由玫

									伯愿					
								師琨	師駉				師左	
					希植	希貫	希稠		希鑛			希鏦	希鉅	
									與漕	與湑	與溯		與煃	
孟位	孟⿰亻對		孟僮	孟倲									孟珋	孟珮
	由瓌	由瑢												

		贈榮國公令軌										
		封始安侯子扎				武翊大夫子極						
		伯通	伯龐			伯麾						
師閲		師顏		師璆		師琠	師圜					
希可		希咨			希衍	希德						
	與遇	與達			與祫	與琊		與燋		與燏		
						孟楧		孟瑛	孟瓚	孟璁	孟玳	孟璦

													贈成州觀察使
伯迎	伯迪	伯逢											
	師唐	師賢	師咸	師道		師邍						師陸	
	希淙		希山	希霸		希俱			希俔	希健	希偈	希建	
			與約	與伊	與侒	與鐙							
					孟璹	孟瑀	孟瑃	孟瑞					

子掄														
伯遹	伯遼													
		師劢					師原					師處		
		希藺		希頎	希野		希閱	希聞	希閔	希闓	希闠	希眗		
		與紹	與啓	與珌	與石							與白		
		孟明	孟偶		孟瓅	孟瑫						孟濤	孟汴	孟泠
		由淳										由潤	由玻	

希參	與嘉	孟潩	由恩
			由忌
	與寀		
	與物	孟湜	由椙
		孟潭	
		孟沂	
		孟漇	由忠
		孟泗	由樿
			由相
		孟泇	由榤
			由机
		孟溍	
		孟沶	由樵
	與蓮	孟儔	
		孟旣	

						希守	希絳							
與囦			與復				與節		與剛				與宣	
孟嶺	孟崗	孟岦	孟瑾	孟琨	孟璓		孟功	孟析	孟堪		孟垓	孟塾	孟鋌	孟鍇
				由護					由熽	由烷			由瀗	

希行 希孚 希望

與開 與倪 與獻 與籲 與皋 與皓 與暤

孟塸 孟玑 孟璨 孟極 孟梜 孟椶 孟芭 孟塡 孟堈

由澩 由淑 由繼 由溥 由澴 由鍽 由鐗

						贈東陽侯令揭								
						武經郎子瑒		左侍禁子華		三班奉職子瓌		武經郎子璘		
		伯邃	伯適										伯興	伯與
			師佘										師孟	師福
			希峴											希汕
			與介											與堣
			孟滋	孟湅										
由熹	由潔			由溹	由潒									

								承節郎子瑾	承節郎子瓛	再贈從義郎子珏
										伯璹
										師望
	希舒			希里						希木
與堁	與格	與抑	與羔	與傰		與侁	與傞			
	孟仙	孟侑		孟瀰	孟滌					

	師琴												
希樗	希偰				希佻	希侗				希付	希偉		希俶
	與讚	與譝	與讌	與諛	與誑	與諫	與護		與誌	與詎	與謝	與論	
	孟棟						孟賨	孟寅				孟祺	孟禖

														伯東
		師碧					師玩	師筌				師墍	師琤	師岐
希休		希綬		希維	希綺			希僥	希俉	希僊			希懸	
與諕	與藹	與遄	與遷	與棪	與格	與橅				與椽	與淰			
孟憲										孟麗				

										伯大				
師巘	師峵	師旬		師嶙	師岷	師巁				師峻		師峙		
		希諉	希誎	希箱		希淘		希諓	希讕	希櫏		希狆	希蒠	希怌
						與呼	與嗖			與烟	與烓			與浯

								朝請大夫令韜						
								加贈右奉議郎		子勉				
										伯達				
							師礫			師顏	師孟			
	希急	希愳	希忎	希恖	希惷	希歷					希哲			
與瀊	與濬										與咨			與性
											孟璵	孟璣	孟璹	
											由庚			

東陽郡公世茂					
太子右內率府副率令黯	贈奉化郡公令潛				
子勛	子勨	將仕郎子防	贈左領軍衛將軍子颿		
伯起					
師韓	師莊	師古			
希敵	希讜				
與傅	與佾				
孟瑥					

子廳　贈左領軍衛將						
師言	師善	師回	師尙			
希呂						希从
與謀		與調				與顒
孟傁	孟僇	孟儼			孟儇	孟僚
		由洪	由泓	由灝	由涏	由泳	由溶

軍子璐						西頭供奉官子騂						
伯熹	伯鯤	伯鵬	伯輯			伯壽	伯熹	伯禮				
			師愈	師仁	師傑			師愆	師銮			
									希皞	希曍		希燦
									與晟	與秀	與稔	

				師恩					師懲					
希暎	希昕	希昞	希喇	希鼐		希黯			希儦		希侹		希傈	希俊
				與詠	與賓	與憲	與紳	與銂	與瑛	與滈	與鏞	與澈		
											孟富			

					贈開國侯令昔					
		右侍禁子明			忠翊郎子昇	左朝請大夫子昇				
		伯惇		伯格		伯達	伯适	伯遜	伯迪	
師患	師恩	師正	師祿						師沚	師潩
希棣										

				贈武經郎子昱										忠訓郎
伯遵					伯奇	伯遐	伯遨						伯迅	
師詷		師覞	師譞				師語	師議	師護	師計		師諝	師諭	
希㡸	希幘						希俵	希儆	希梴	希儴	希個		希玞	
與棴	與迢						與驛			與徽				

武當侯世績

太子右內率府副率令槩
贈南康侯令賞

子杲
太子右內率府副率子瑍
再贈武略郎子浩

伯泳
伯浩
伯淘
伯林

師達
師适

			伯權					伯掄						
師遂			師遠	師迪			師選	師奎						師壹
希丙	希若	希古	希磩	希俔	希鄐	希𠎝		希价				希像	希傍	希踓
		與守						與昕			與曤		與暕	與湛
								孟宣	孟宇	孟容				
									由櫟					

保義郎	子瓊	秉義郎												
			伯桂			伯桴								
					師䡘	師甯		師塈						
				希鑒	希鏁		希征	希僖	希儵	希俄	希儃	希什	希估	希㝵
				與穅			與宿		與忈					

			太子右內率府副率令珝	贈安康郡公令委		
子璪	子璩			右侍禁子洵	武節郎子淵	
				伯庠	伯暕	伯昞
					師逑	師⿺辶重
師邏	師⿺辶晋	師迹				

國公世	司空、遂													
公令琮	贈開國													
監門率	太子右			子琢	子璞	成忠郎	子瑷	忠翊郎						
		伯曦	伯晰	伯昕	伯旼					伯昉			伯璇	
			師侄	師儁					師逄	師迮	師途	師遬	師遷	師逕
				希頡									希倛	
				與勍										

該														
府率子	賁	內殿崇	班子球											
			伯祐											
			師鈺	師昺				師昇						
			希蠡	希奉	希美			希文					希盛	
					與瀜	與汶		與唐	與膺				與鐃	
						孟伽	孟傚		孟价	孟樛	孟枰	孟楡	孟樅	孟樤
												由鎮		

	伯禔													
師傅	師仲													師昬
		希琜			希厚						希晄			希賫
			與禒	與褣	與禮	與儵	與徏	與𠑊	與儴		與偂	與代	與祳	與褸
			孟嵠		孟侔					孟榚	孟櫝		孟端	

	修武郎	子瑛	子晚	贈武經	郎子道									
伯福					伯槐									
師信					師[illegible]									
					希[illegible]								希[illegible]	
					與晦		與塏	與[illegible]					與庸	與梃
					孟概	孟祿	孟[illegible]	孟宭	孟[illegible]	孟旹	孟[illegible]	孟嵩		孟玢
														由璸

														師佳
		希罙	希𢡟	希僼							希琊		希礬	希世
	與糜	與煒		與証	與皋	與峻		與嶼	與崪	與屺	與偒	與倖		與窠
	孟璆					孟增	孟湧	孟壢						孟湦
由瀝														

	希洿	希且			希尼	希晃	希裒			希寤				
與錼	與檐		與迦	與泧	與珇			與怬	與憒	與悏	與橎	與棖	與栞	與渠
孟藜	孟瑤				孟悕			孟畔	孟槔	孟玒				

		師倪	師禟					師仍					師視	師仢
		希飾	希演			希息		希藹		希悛	希昌	希慷		希倠
	與鏌		與鏵	與僧		與澴	與抖	與玥	與階		與鍽			與焯
孟玩				孟臆	孟朣									

			沂州防	禦使令	欽									
		子通		封汧陽	侯子煜									
					伯愚	伯志	伯賢	伯穎						
	師譚							師古						師垚
希[illegible]								希宜						希仁
								與時			與信	與善	與穆	與點
								孟瑞	孟琉	孟瑨	孟瑀		孟璲	
										由錬				

				希俊	希傒	希悰								
與正	與光	與溫	與藺		與祥	與同	與會			與陞		與貌	與翊	
					孟伽	孟敏	孟文	孟詵	孟瑫	孟握	孟擻	孟怬	孟葆	孟華
								由洪		由中	由是			

					希伆	希倡	希倬	希僅		希侹	希傳		希仰	
與積	與生		與建	與助	與理	與淀				與璹			與采	與語
		孟訪	孟讙		孟議				孟滌	孟顯		孟介	孟堅	孟逮
					由廻									由墉

														師勇
				希佃								希及		希聰
與彪			與[王睪]	與橙	與壽	與紹		與祫				與亮		與亢
孟珸	孟寧	孟直	孟家		孟瓛	孟[王桼]	孟[王於]	孟[王青]	孟㮚	孟榮		孟欒		孟潘
由仁											由稻	由機	由侖	由全

								師瑺						
			希億	希伏	希俘		希佸	希家	希佺					
		與玞			與瓌	與班	與熊		與肆				與琤	
孟珽		孟禑			孟瀠		孟瑙		孟佐	孟佑	孟備	孟攸	孟儴	孟优
由儦	由儋								由憓	由恢				

					師文									
		希房		希僊	希覿				希瑗	希侯				
	與瑫	與埵	與壃		與滋			與灝	與諶	與橡	與榞	與楝	與檡	與槤
孟例	孟攸	孟瑚	孟瑎		孟檜	孟檣	孟槔		孟安	孟壐				
									由漳					

子灼　左侍禁

伯碩　伯顧

師一　師範

希价　希倗　希璁

與巍　與俛　與徹　與衡

孟瑵　孟琨　孟珧　孟諫　孟祐　孟褚

由鍑　由鑽　由鉻　由錟　由璛　由僅　由儦　由儉

右侍禁子者	左侍禁子壽									
	伯頤									
	師尹			師姚						
	希諧		希巘	希萬	希栱	希玓				
	與僾	與倷				與本			與梓	與櫓
	孟初	孟給				孟祈	孟稀	孟祢	孟禝	

								太子右監門率府率令最		贈朝請
								從事郎子錯	從義郎子通	
						伯顥	伯預			
	師明	師旦			師仲					
	希顯	希宋								
與棖	與僴	與鈹	與鏟	與鎬						

大夫令	懇	宣德郎	令緋											
秉義郎	子椿		子衡	從政郎	子衎									
	伯山				伯億									
					師焦									
					希荀								希周	
					與傑	與玖			與琳	與璣	與珷		與慈	與環
						孟梓	孟栴	孟欐	孟橓		孟櫰	孟拱		孟栐
								由鏶	由鉺					

						伯信								
						師溱	師先	師生	師隨	師閱				
	希誼					希孔		希沵	希部	希嘰		希沂		
與琨	與瓊	與瓖	與璔	與珚	與瑮	與魁				與瑑		與磻	與砌	與璀
	孟楑	孟瀶	孟瀙	孟灦	孟滑					孟聳	孟睛			孟循
										由寧				

				伯仁										
		師閲		師奮	師龍									
	希濋	希璪	希問		希鍋									
與竚					與瑠			與璩	與璒	與瑦	與瓆	與琊	與堲	
					孟坣	孟墓	孟埊	孟墟	孟型				孟臺	孟壞
					由棋									

														從政郎
	師相	師專												
		希言					希澤		希逢			希球		
與塝		與襗				與禨	與視		與機		與欚	與葉	與棄	
		孟鐗	孟鋊	孟[illegible]	孟鏦	孟濆	孟恙	孟悳	孟洂	孟濾	孟熛			

子衞	從義郎	子術												
		伯靖					伯嶟					伯蜡		伯[illegible]
		師文			師齊		師審			師宭		師寀		
		希補	希穚	希秸	希穅	希崇	希璝	希鑠	希鉻	希鏄	希鈔	希[illegible]	希琢	
						與謚							與廑	
						孟畕								

															北海侯
									右班殿	直令□	武經郎	令聳			朝請大
			秉義郎	子術	子行						忠翊郎	子津			從事郎
伯翊				伯瑀	伯茉	伯橐	伯綮					伯伸	伯修	伯祥	
師璂	師[王旁]														
希[亻胃]	希儆	希偒													

盧江侯守度

世歷　蘄春侯世宏

夫令術　太子右內率府

子綬

伯愈　伯達　伯泰

師續　師維　師綺　師誕　師皓　師轍

希棹　希械　希橡　希發　希璲　希璸　希玔　希瀰　希徥

與怲　與涓

太子右司御率

副率令門
太子右內率府副率□□
贈奉化侯令夫

三班奉職子直
三班奉職子愿
秉義郎子顏
子熲

府率世
遐
高密郡公世珍

太子右內率府副率令孫
太子右內率府副率令詷
贈河內侯令讃

成州團練使子機

伯存
伯隨

師直
師奭

希濳

與璩

									忠州團練使令誶			
										忠訓郎子暐	忠訓郎子儀	武經郎
				伯履			伯愿	伯彥				
		師是	師尹	師文	師旨		師傅					
					希通	希迥	希冢					
與琈	與璡				與襲							

華陽侯　世嵩

贈馮翊侯〔一〕　令娓

子鐙　忠訓郎　子暉　□□禁　□□

伯裕　伯袞　伯初　伯瑛　伯琰

師慥　師憖　師懌　師禹　師文　師昝　師革　師顏　師聖

希堈　希鉼　希咏　希沆

與漑　與汲　與澮

									武翊大夫子震					
伯瑞									伯瑜					
師閔	師炎								師淵		師煥			
	希介	希俞		希企		希畬	希仚		希旦		希邍			
		與近	與澮	與過	與遲		與邂		與立	與中	與是			與澫
				孟僎					孟瑽	孟彪	孟倈			孟瞌
									由聰	由衕	由橁	由橅	由櫄	

												伯肆		
								師㢊				師厚		
希仲								希謚	希亨	希澄	希勇	希沂	希渾	希滌
與殌								與伶				與墉		與儔
孟道	孟遜		孟逾			孟逢	孟迪							孟舒
	由鏞	由鐇	由渙	由僊	由僥									
	宜發													

	希沭					希泌				希潢	希渭			希沔
	與僊		與伋	與俶	與緇	與祚	與敏	與佮	與碩	與臨	與逾	與迅	與迨	與侹
孟玏	孟才	孟譓							孟璺					孟治

									忠訓郎子霂					
							伯城		伯鐸					
		師厘							師純	師紘			師綖	師原
		希澮	希漢	希渥					希諶	希淨	希制	希股	希語	希潡
	與僎		與高	與適	與由				與粹					與息
孟清					孟滔	孟潔								孟思

								□□□	□□					
	伯鎬								伯聰					
	師閣			師高					師淵	師玉				
	希學	希悰		希僨		希傕	希儁			希柔				
與楧	與脩	與梶	與梧	與桌	與棌					與煓	與爖	與爊	與熺	
											孟坐		孟㙇	孟壂

										承節郎子寔	右班殿直子響	保義郎
									伯暄			
							師京	師汝				
		希架		希聚	希渠		希質	希沖				
		與熀			與熹	與燾						
孟壤	孟壙	孟垟	孟壚									

子[illegible]	保義郎	子□											保義郎	子雱
伯堅		伯格	伯議									伯裔		伯料
		師滸	師富						師浚	師綸	師淌			
			希態			希戀	希[illegible]	希怭						
			與揮	與抴	與摛		與□							

		贈高密侯令勑							
	忠訓郎子霖	修武郎子琦	武翊郎子璉				贈太中大夫子瑄		
伯紹		伯爽	伯璭		伯與	伯輿	伯楙		
		師政	師回	師閱			師傃		
							希惎		希悳
							與貤	與賏	與淙
							孟璖		孟鎬

													贈中大夫子琇
		伯弼									伯班		伯□
	師伏	師俁	師偲	師僅					師俦	師億	師倬		師淵
希恣				希[言戈]	希[言血]	希譁	希誐	希誢	希穗		希操		希誌
				與欽	與苹		與藩				與峴	與壂	與枡

					嘉國公	世括								
					房國公、	謚孝恪	令稼							
						□□□	□□							
							伯旼	伯⿰日爲	伯曮	伯喇	伯瞰	伯暉		
										師僉		師柝		
				希云								希寰	希釋	希紘
與扛			與擧	與摫										
孟祠	孟禴	孟禬												

伯晤 伯暌 伯晛 伯晅

師戩 師繽 師更 師羔

希芬 希荃 希芸 希孝 希騁 希誠 希凝 希蘊

與垕 與冠 與褒 與璐 與巖 與睬 與富 與瓔 與玭

孟沚 孟滫 孟溼 孟瀆 孟潤

由儻

							訓武郎子育	修武郎子元	成忠郎子褭	修武郎子奭
							伯□			伯昕
			師龍							師裴
希鄰	希法	希騤	希國	希誃	希譖	希□				希遵
	與構									與溢
										孟瓘

									師意					
		希遏		希迎	希迥				希丞					
與廣	與康	與璯			與濋	與漨	與泩	與滏	與華		與蓀	與薇		
孟璵	孟璄	孟瀗	孟瀸		孟珆	孟瓘	孟璥		孟槩	孟窯	孟端	孟槃	孟櫄	孟穎
										由烈	由燾			

						師雅								
			希瓐	希邐		希逑								希遒
			與芮	與茉	與蓫	與袞		與京			與袤	與奕	與衷	與瓚
孟梗	孟楙	孟梲				孟澧	孟渶	孟均	孟濳	孟壖		孟涯	孟鐺	孟泰
												由杞		由楝
														宜爟

						與瑄					與瑜			與堪
孟澤					孟湝	孟澢	孟浹	孟渚		孟𣸣	孟溶		孟溡	孟溱
由栢					由槦	由棣		由檀	由柟		由櫄	由植		由橦
宜煇	宜爋	宜燁	宜熺	宜煥										

師偁														
希蓮						希遹				希籧		希□		
與徽		與玢			與⿰王舌	與瑰	與瑗	與瑩	與琈	與璲	與琮	與球		
孟曠	孟汥	孟淵	孟漉	孟濿	孟涇		孟淇	孟瀰	孟洽	孟渢	孟鑛		孟洧	
				由杭					由梓		由檥			由樞

					忠訓郎子亶	忠訓郎子齊	修武郎子亦	成忠郎子辛	子奭	子元
		伯晙								
		師佝								
		希暄								
		與⿰王毛	與絇	與綿						
孟嘻	孟曜		孟琮							

贈博平侯令叟　贈博平侯令門　贈博平侯令夬　贈華陰侯令蛻　贈右金

子褒　右□□子□　三班□職子□　右班殿直子欽　保義郎子導　秉義郎子國

伯晦

師月　師與

希証　希倕　希紀

紫光祿大夫令陞										
贈朝議大夫子卓										贈金紫光祿大
伯觀							伯謙	伯鼎		伯晉
師誼				師訒			師北	師熺	師嵾	
希嵎	希洣			希敀			希狌	希譔	希衃	
與夐	與藹	與注	與淠	與璥	與瓃	與堅	與淛			

夫子英

伯□

師淵　師騫　師斿　師夏

希忬　希恔　希愜　希慔　希㥏　希[忄彗]　希憍　希忕　希[忄菐]　希[忄宅]

與初　與祜　與[艹斿]　與稽　與嵒　與呰　與嵸　與科　與穗　與稷

孟落

伯浣														
師輿									師端					師𤼲
希夐	希㦦				希兗		希育	希亮	希龍	希嶟			希崟	希扃
與㬔	與玧	與晢	與醫	與謇	與譜	與謦	與普	與諭		與楊	與棹	與槶	與札	
								孟丕						

伯淮											伯洙			
師開							師頫	師原			師雍			
希傻	希慇			希忩	希湎	希鑾	希㬎	希慸		希冲	希瓚	希⿸广脊	希庨	希庚
	與慧	與原	與炎					與囿	與票	與絲	與焄			
											孟養			

											伯沂	伯澐		
	師羽					師愢			師都	師箎		師折	師畊	
希僂	希偦	希僠	希侁	希佪	希儶	希微		希僊		希秂			希遭	
	與⿰言字			與謎		與譢	與譕	與諵		與隼			與派	與涵

							子蒙							
					伯滸		伯巽						伯趾	伯泰
師宮			師乘	師郢	師抗	師僜	師鈔	師鑰						師樠
希⿺辶卿	希逌	希⿺辶壴		希⿺辶雚	希炤	希焜	希璃	希濰	希澮	希洊	希潑	希溹		希亩
						與埜								

	武顯郎	令汲												
	贈武義	大夫	子正											
			伯禹					伯慜		伯惠	伯慤			
			師涉		師喩	師震		師瑚	師斑	師錫	師珠			師⿰王囷
希奕			希玥			希薦	希嶼		希⿰亻念		希⿰言胡		希誀	希詥
			與棈	與杫							與⿰礻坐	與䘯		
											孟価			

												修武郎	子韶	
	伯憲	伯憑											伯勰	
		師璥	師理	師玧			師琉	師瓏			師璮		師璘	
希謝			希邀	希递		希蓫	希透	希遫		希迣	希抪		希梧	
				與儱	與儷	與俶		與俜	與儍				與澂	與琫

			師珇	師瑾	師玼			師琁					師現	
希樽	希椽			希月	希桃	希槁	希榴	希欒	希楀	希桻		希枹	希墂	希堰
與沅	與浝									與烰	與[illegible]		與[illegible]	
孟[illegible]	孟急	孟怨												

								贈訓武郎子師						
			伯念	伯恴										
師瑀	師靈			師渾	師憑		師翰				師劼			
	希消	希演			希懷	希詅	希鑽		希廲	希席	希橞	希懋		
					與促				與瀕		與熠	與璃	與藍	與玟

												□國公	世著	
										武翊郎	令沖	嘉國公	令出	
												朝散郎	子□	子琳
														伯祥
	師勸	師飭			師劭	師劬			師勴					
		希⿰木畢	希櫋	希⿰木黹	希鉽	希楈	希⿰木衣	希檜	希腆					
與玩				與炂										

												贈左衞大將軍令忱		
						左侍禁子修						右班殿直子槱		
伯和	伯壎	伯韶		伯敔		伯鋆		伯湦	伯墍			伯愿		
		師古	師老	師文		師旦	師杰		師熅			師章		
												希轍		
												與驤	與顯	與習
													孟源	
													由祕	

								師向	師峴					
			希軾						希杰					希潤
與諸	與澤	與騤	與杞	與檜		與椽			與說	與明		與滮	與桸	
			孟俰	孟焞	孟燔	孟優	孟仏			孟墅	孟觀	孟桻	孟垓	

				榮州防禦使令獻			成節郎令慥	
			文林郎子楞	成忠郎子昂	保義郎子聰	保義郎子發	忠訓郎子迪	
伯憲		伯忞					伯哲	
師勉	師護						師倩	師強
希瑟								
與玢								

						忠訓郎	子適	忠訓郎	子⿺辶重	子⿺辶萑	成忠郎	子達		
伯宣	伯宜								伯疊			伯旦	伯新	
	師寶												師畢	
	希畢	希翛											希儆	希僙
	與儀	與雱	與⿰氵衣	與淤	與漠								與濔	
			孟瑨											

			滏陽侯守廉							
			華原郡公世奉							
		修武郎令樵	贈建安侯令賁							
			右班殿直子銳	再贈武經郎子銑						
				伯達						
師畏				師韓	師菘					
希穆	希稷				希悅		希惜		希憐	希併
與洓	與淶				與瓌		與迄	與迆	與涖	
					孟淵	孟潕			孟烟	

伯适												伯逵		
師亶								師郕				師瀞	師伾	師訦
希殳	希體		希剢	希淡	希剡			希霍						
與孖	與久	與秉	與瑒	與珇	與璊			與倜	與倪	與仏	與傕			
孟譟		孟棫			孟沌	孟瀼	孟瀿	孟珷						

									武經郎	令磅				
				保義郎	子鏜	子銓	子鐐	子鎗	忠翊郎	子鉞	子錡	成忠郎	子銑	
伯遵	伯遂				伯洮								伯造	
	師奭	師潞											師塵	
		希令	希熄										希筥	
													與捡	與持

						子錞	從義郎	子鑑						
								伯過						
			師元	師膺				師杞						
	希萃	希簵	希篿					希材					希樅	
與椈			與俐					與璓	與鏁				與佪	
								孟侹	孟璘	孟瑀	孟珕	孟壇	孟滑	孟湊

			師爕				師□							
		希會	希愬				希琄	希鸃			希劉	希頔		希確
	與儆	與嶧	與潯	與滿				與宊	與密	與斤	與烽	與溹	與濮	
孟添			孟珴	孟璺	孟瓌	孟瑂								

							伯逖							
			師禘				師鑄		師督	師訪	師誅			師岱
希硃		希礪	希籲		希𥗩		希海	希淄			希貽			希洲
與爊	與禣		與潤	與灑	與泟	與泿	與梋	與初			與俀	與宁		與征
孟銓				孟塎				孟坛				孟琢	孟𤩐	

														忠翊郎
			伯遴											
			師仂		師主		師倍	師戩					師亢	
		希涼	希璒	希藥	希□	希禾		希燗	希烇				希璹	
與徖	與建		與爃		與摹				與寧	與寯	與賓	與奈	與甯	
					孟檽									

子鏞														
伯湜			伯□											
師瓄			師璝											師珍
希津			希清				希洄	希汗				希溗	希纊	希廟
與櫃	與樅	與傱	與構	與榏				與梜		與杚	與朾			
				孟訒	孟誧	孟謣		孟鏷	孟沍					

							伯逾							
							師玕							師琿
希漠			希漨			希湝	希淪	希湘	希湑	希湊	希泛	希潯		
與杕	與槵	與橺	與襦	與袝	與褸				與蘽			與膴	與遡	
	孟謰													

贈中奉大夫子鏐												
伯迭												
師光			師分							師咨		師叟
希晙	希稷	希庬	希溱		希澮	希紻		希⿰亻尌	希遨	希鯤	希衷	
	與⿰土列		與俙	與佫		與渺	與濰	與棖		與僝		

子顢	子顛													
											伯遏	伯迴		
			師放				師沆			師竦	師準	師琦		師邕
			希敆	希系		希嬰	希絜	希繄		希瓅		希鉐	希坾	希堤
		與師		與蕃	與莡	與蘭	與荃	與葵	與苹	與荄				與鑋
							孟傑	孟傆						

右千牛衛將軍惟固

西頭供奉官守康

左班殿直令蘸

西頭供奉官令羿

右班殿直令趑

右班殿直令岦

子顯

校勘記

〔一〕馮翊侯　「馮翊」，原作「馮翼」。按本書卷八七地理志，馮翊是同州的郡號；宋會要帝系三之三四載令媞封號正作「馮翊侯」，據改。

宋史卷二百一十七

表第八

宗室世系三

	舒國公惟忠	東萊侯從恪	安陸侯世安	太子右監門率府率令展		
				景城郡公令超	再贈奉國軍節度使子翾	伯演

											子宴訓武郎		
伯愿	伯雍	伯溫	伯良	伯恭				伯欽	伯惠	伯義	伯魚		伯山
				師尹	師錫	師道	師古				師仁	師智	師雲

														左侍禁
													伯鐃	
師立														
希暚									希聤		希晴	希聘		
與功						與珪			與闓	與明				
孟沽		孟逕		孟遷		孟⿺辶戉								
由祜	由付	由僐	由信	由渻	由澤	由⿰木脊	由瑽	由果						

子詡						右班殿直子翽	武義郎子栩					
伯潛							伯丕	伯偕				
師親								師摯	師蒙			
希⿱宀品		希崖	希耑	希審					希深	希縞		
與謨	與錫			與籌	與璣					與諍	與謠	與詙
孟淏	孟櫝									孟滌	孟賢	

博平侯世融

贈華原郡公令晏

承節郎子翃　承節郎子翮　再贈朝請大夫子激

伯端　伯璆　伯光

師白　師懽　師悅　師望

希綠　希班　希裖　希鑼　希顏

與堅

孟寬　孟惠

由槻　由橚　由柟

											伯常	伯充	伯亢	
	師一												師心	師稷
	希圃	希華		希𧮫				希勣						
	與佐	與備	與信	與偕			與僎	與僚						
				孟湜			孟漪	孟潟	孟汝	孟洟				
由櫄				由供	由進	由德								

				伯元								伯先	伯蕘	
師契	師夔			師孟	師老	師益					師直		師久	師常
	希璓		希瑠			希久							希祉	希傑
	與洞	與逮				與隨	與遷	與迎	與迈				與瓆	與機
	孟壎					孟珥			孟玞	孟珀			孟樐	孟濙
						由瑽								

							朝請大夫子滌	武節郎子溥			
						伯允		伯覬		伯觀	
			師錩					師逾		師樂	師成
希英	希莊		希寶		希寔			希說	希詵	希璿	希瓊
			與珣	與璥				與虋	與橯	與棚	與柃
孟澯			孟鑠								

贈華陰侯令蔵

封汝陰侯子春　封嘉國公子劇

伯親　伯覿　伯強　伯僖　伯頳　伯昂

師古　師迅　師逍　師道　師延　師通　師遇　師宣

希熏　希堺　希崒

與邐

伯昺	伯旻													
	師厚					師掇							師接	
	希鯉					希聒			希寄			希漢	希位	希慮
	與實	與賜				與倌		與僼	與銳	與潟	與滄	與敎	與舜	
	孟鑄	孟銘			孟鍴	孟倧				孟鋸	孟鏄			
		由堉	由壇	由壜	由坾	由濡	由泐							

		伯暈												
	師揑	師傅												
希彤	希智	希崇	希固											
		與民	與偳						與僨	與僧		與惪		
			孟桸	孟杕	孟樵	孟櫟	孟櫆	孟儔		孟僊	孟倅	孟偶	孟佾	孟儦

洋川侯世昌

太子右內率府副率令班

贈濟陰郡公令襄

太子右內率府副率子房

子佾

太子右內率府副率子陽

伯悬

伯㬎

													太師魯國公世	
									太子右內率府副率令婕				贈漢東郡公令	
從義郎子陵					子淳								賀州防禦使子	
	伯震	伯友	伯通	伯達	伯允	伯虎		伯元						
			師鉞			師祥	師損							
			希瑕				希滿							

規						
瓊				贈洋國公令蕆		
綸	右班殿直子綯	三班奉職子紡		子濬	子睿	忠訓郎，坐事免。子虔
伯禼	伯臻					伯迪 伯遷 伯抗
						師紱
						希潕 希鏓

贈襄陽侯令龜

太子右內率府副率子襄　封蘄春侯子買　子貢　武節郎子贊

伯璵　伯璋　伯璣　伯益

師瑰　師瓃

希票　希煯

右班殿直子賀	承議郎子賢		左朝請郎子賁								
	伯珙	伯琛	伯壽	伯威		伯遷					
				師禛	師祓	師儁					
						希鉄	希鑣			希鍑	希鎣
							與遙	與邁	與遞		與枹

贈廣陵侯令巍

子贊　子質　從義郎子綬　武翊郎子絳　子維　朝奉郎子縝

伯倫

師濟　師沔　師源　師潼　師滋

希鏄　希銑　希珌

		伯仙												
師沂	師澄	師湜					師渥							
	希瑜	希璞	希琇	希⿰王雋	希瓘		希珙		希玠				希璨	
				與翼	與銓	與鍔	與鋁	與謙	與善	與諒	與詧	與藻	與箕	與⿰金虒
							孟灕			孟但				孟传
										由壼				

													伯俌	
		師瀚	師洵			師洸							師淵	師沃
希瑾	希璹	希瑒	希珣	希琦		希琰	希珽	希瑞	希璲	希琉			希集	
		與良	與逃	與共	與夏				與媌	與儕	與僚		與志	
				孟瑤							孟爕	孟煁		

贈洋川郡公令白

保義郎子綽
太子右內率府副率子籲
武翊郎子僅
左侍禁子儀
忠訓郎子健
武德郎子億

伯虎
伯篪

	左班殿直子構	右朝請大夫子亮								
伯榮	伯适									
	師曅								師卦	
	希聞	希閏	希炬		希燎		希闢			希間
	與溱	與兗	與煜	與珖	與巘	與崗	與綢	與緬	與絟	
	孟欂	孟祁	孟瑹	孟標						

					伯[illegible]									
師昇					師華	師憪								
希闢		希闔		希闠	希冢	希杜								
與錀	與護	與优	與僮			與偈					與仰		與仟	
孟誼						孟鐇	孟鏸		孟鐊	孟鑽	孟鎮	孟鉽	孟鉑	孟荇
							由瓊	由璿						

右屯衞大將軍令講　贈宣城侯令亻

訓武郎子侃　忠翊郎子佾　三班奉職子皓

伯仝　伯余

師遙　師追　師延

希但　希纘　希緘　希禯　希袑

與檄

孟鎗

													右監門
三班奉職子暉	左侍禁子暄												
伯棐	伯褒												
	師驥			師驕		師馴						師駜	
	希向		希峕	希谷		希奇	希言	希珂	希敞	希叶		希埇	
	與玑	與違		與昭	與旻				與暆	與昳			
	孟鍝			孟本									

			韓國公從藹	
率府率世猷	右武衛大將軍世衡		右驍衛大將軍世豐	武當侯世宣
	太子右率府副率令若	太子右監門率府率令特		和國公、贈青州觀察使、諡孝榮令鐸
				子賤
				伯誂

伯說	伯颯													
	師古													師莊
	希禼	希游												希繩
	與義	與盈	與莊									與凱		
			孟仕					孟信	孟儉			孟修	孟僨	
			由邁	由選	由澄	由通	由逵	由遡	由迪	由遄	由運	由遵	由遲	

贈右屯衞大將軍令進　贈廣平侯令禱

修武郎子丕　三班借職子有　左班殿

伯毛　伯達　伯誠　伯奭　伯虎　伯立

師直

希潾　希浹

			贈東平侯令櫛										
直子琉	右班殿直子充		訓武郎子平										
			伯達										
			師旦			師劦							
			希伯	希合	希成	希皿							希亮
			與枚	與潄		與璘		與珮				與璆	與雍
			孟酌	孟檀		孟堵	孟塽	孟塨	孟堙	孟埤	孟埱		

			伯恭											
			師璽											
希衮	希揔		希昌									希允		
	與琿		與潔	與璠		與玗	與琛	與玪				與璋	與璉	
	孟鏐	孟鏋		孟鈞	孟鐩		孟依	孟錡	孟霆	孟[illegible]	孟堊	孟儌	孟僅	孟佳
					由得		由洤						由蓮	由[illegible]

					希迹									
	與瑤				與珍				與珠	與琪			與璟	
	孟僊		孟侊	孟倬	孟侁	孟侃	孟俯	孟倈		孟俽	孟倕	孟墒	孟錆	孟鏌
由遠	由淵	由近				由謝					由桀		由洊	

		希儼					希同			希肆				
	與玫	與瑞			與琥		與瑖	與璠	與瑥	與珥	與瑻	與琕		
孟鏕	孟証	孟偉	孟仉	孟個	孟僝	孟伍				孟昆		孟岳	孟岱	孟巒

											師信			
希載				希霌	希嶠		希倩				希附	希富		希瀶
與瑂					與琡	與玶	與璌	與玦	與珢	與瑩		與宥		與貟
孟瀫	孟浮	孟潝	孟淹							孟致		孟瑆	孟璘	孟琊

						師德	師仍							
					希佪		希厭						希栢	
與宅				與寘			與造	與逖			與逡	與蓮	與嚳	與讉
孟璘	孟璆	孟珽	孟璙					孟儥	孟併	孟僀			孟垍	
由禧									由害					

秉義郎子常											
伯恕											
				希秉						希謹	
與謂	與颯	與譁	與玲	與玞		與琙	與琬	與珈	與玅	與瑄	與璬
孟特			孟僬	孟復	孟僮	孟傑	孟渿	孟溉			
				由浧							

伯慮	伯庚													
	師譓							師公						
	希球	希琡	希瑰				希瑄	希綱						
		與徽	與循			與徑		與烝						
			孟逬	孟迢	孟⿺辶曾	孟還		孟愈		孟悊				孟憲
			由瀼					由坤	由坡	由埤	由埈	由埨	由埼	

			希紳	希統	希珸						希絢			希絨
與恁	與僬	與黨			與從					與傛	與禝	與禲	與祖	與禯
孟渲		孟惎			孟恩	孟萱	孟荐	孟莩	孟莘			孟慗		

			伯森											
			師汪											
			希林							希茹			希櫟	希扐
與祉	與⿰礻皇	與⿰礻夫	與侶	與仍	與保	與俑			與僊	與烈	與傔	與傻	與侍	與俾
						孟鈹	孟鏵	孟鍩	孟鐉				孟柎	孟鈭

							伯康							
							師誨							
							希埴	希墠						希增
		與佩				與佫	與源	與迹					與速	與邁
孟釲	孟鐎	孟鉻	孟釪	孟鎣	孟廡	孟鍪		孟游			孟港	孟瀍	孟汴	孟涓
								由槐	由栱	由棟				

伯賡

師謂

希墿　希堝　希塽　希均　希壆

與遵　與邁　與賫　與賦　與睬　與覞　與資

孟洵　孟潛　孟清　孟珪　孟珉

由欒　由棌　由錢　由福

			贈奉化	侯令愔										
子膌	忠訓郎	子摯	訓武郎	子勵										
				伯謙	伯訓	伯謹								
				師孟		師燊					師檕			
						希元	希宏	希寔	希宴		希斌			希珊
									與堯	與墰	與績	與侃	與偲	
										孟鑗				

				子戩武德郎	子威								
					伯戩					伯恭			
	師杲				師剡					師統			
希栢	希澹	希洌	希⿰虫尊		希積	希⿰歹弓	希升		希庭	希淑			
					與唫		與玗			與鶱			與賓
							孟墫	孟玎		孟倌	孟楜	孟梋	

			右侍禁	子隱	武翊郎	子奎								
						伯迪	伯逑							
師坤							師章							師勛
希烽		希燻					希節	希錫	希炳					希有
與瑛	與琍								與僾	與昴	與槢		與廩	
孟禧											孟璲	孟珦	孟壖	

希適			希起	希曄	希續			希卓						希進
	與岕	與崟	與乘				與璩	與璃	與侔			與侍		與傳
	孟鑽					孟激	孟⿰木斯	孟轅	孟輻	孟軿		孟軾	孟輍	孟輔
									由理		由⿺廴圭	由玥	由璄	

師釗														
希銳					希裕									
與賓		與賟		與瞫	與官		與審	與寄		與寶		與害	與介	
孟補	孟𥟵	孟稦	孟漉		孟憺		孟悁	孟性	孟惶	孟懍	孟憕	孟忖	孟慆	孟忭
					由爁	由烟								

					子敦	保義郎								
				伯仁	伯俊		伯适							
				師鉅			師撫							
希汜		希活	希渡	希式					希繼				希藎	
	與垟	與埣	與圱					與瑜	與琉	與靚	與晛	與覲	與觀	
			孟𥡴								孟瓊		孟𤦄	孟恤

									師特					
希涀	希瀆		希洧			希洇	希淀	希濿	希嚋	希洙	希潙			
與泉	與靁	與震	與遪	與邂	與迖						與企		與仂	與儁
											孟琞	孟璊		

					師操						師鐇			
希汗		希渼			希洢		希浣		希忦		希洅		希瀷	希汃
與僟	與埕	與擳	與拭	與拯	與棠	與栗	與東	與梗	與櫺	與樕	與櫚	與橾	與禰	
					孟覃	孟烗								

贈訓武郎子皋

伯暐

師寧

希灊　希昜　希眞

與洺　與淮　與瀞　與淶　與浩　與湜　與潭　與潤

孟俠　孟倓　孟梘　孟栲　孟橅　孟榜　孟櫰　孟机　孟檥　孟檔　孟垙

由煌

						師宇			師寴					
						希种	希稹		希焄	希廡				希㬎
與梍	與汴			與濴		與泮	與渼	與涪	與潗	與濂	與淯		與滙	與洁
孟柯	孟神	孟惪	孟柎	孟櫟	孟傢	孟桯	孟格		孟欚	孟梌	孟橪	孟梫	孟楎	孟梧

		師㝏												
		希錧												
與溥		與潚	與汶		與潞	與洸						與澼	與澧	
孟枱	孟栻		孟植	孟柏	孟杲	孟榘	孟梁	孟棐	孟㮚	孟果	孟樵	孟棨	孟椹	孟檈
			由璧											

希鐇														
與灌	與溆		與涛								與浧			
孟櫺	孟鏻	孟鏶	孟鎌	孟枋	孟杭	孟棆	孟槺	孟棱	孟檄	孟樸	孟檀	孟桓	孟相	孟柘
	由燐													

													伯昊	伯泰
			師寵	師窵									師道	
			希杰	希壘		希坰			希坌					
			與海	與淦	與泞	與沇	與汎	與濬	與溪	與沼	與漟	與溙		
孟枝	孟榴	孟榕	孟銈		孟校	孟橺								

伯常												伯安		
師榮	師進	師邃	師寘									師岳	師廣	
		希暠	希冠		希上			希翟	希聳	希馨	希俔	希浙	希罿	
		與巇	與伉		與鐠	與鐨	與鈉	與樽			與[亻瞿]		與[言元]	
			孟澈	孟澡				孟蘘					孟竬	孟[火宁]

												贈永寧郡公令變
											子暈	東頭供奉官子戭
			師緷									
	希牷		希檦	希燿				希煋	希燠	希貟		
與諳	與訵	與謗		與沖		與濤	與涉					
				孟鏠	孟鎵							

成王世準									
太子右內率府副率令鑁									
	保義郎子憂								
太子右內率府副率令坦									
贈右屯衞大將軍令音	從義郎								
	子漸	伯長	師正	希仲	希沅	與栘	孟燿	孟嫗	由𡏳

右班殿直子涓

伯成
伯強

師閔

與樟
與柄

孟焴
孟燁
孟煃
孟炔
孟煒
孟烽
孟熅
孟熽
孟烣

由坦
由埍

贈太師、贈太傅、	淄王世諡恭憲再贈少	雄												
		令鑠												
		師子漪												
		伯撫	伯柄	伯璆										
				師諄										
				希實									希宏	希寘
				與言	與回	與譱	與商	與行	與求	與溢	與拓		與談	
					孟倫		孟鈀				孟麟			
					由浚		由逿				由逑	由瀍		

				師嚴	師淹					師直				
希穄				希易	希經				希綸	希範		希模		
與諆			與誣		與忝	與雋		與應	與詳	與廙	與庠	與庚		與度
孟鉼	孟鏗	孟銄	孟鍱		孟璮	孟焄	孟杰					孟櫳	孟檜	孟杠
						由坊								

						伯牛								
						師愿	師旦	師望						
希義						希偭	希傅							
與儉		與程	與湘		與進	與鍪			與庎	與厭	與豐	與庚		
	孟春	孟孫		孟烗	孟熯						孟檳		孟榎	孟櫸
		由復		由陣	由陛									

							太廟齋	郎子漸	承務郎	子湨	儒林郎	子深		累贈太
				伯材	伯玕							伯瑤	伯瓘	
					師古									
					希盅	希韓								
與炬	與瓓	與珹	與烋			與衛								
孟涓		孟潒				孟悅								

師子淔														
伯言														
師德									師愈					
希叔					希虎				希偭	希[尚心]				
與怗	與禋		與客	與[亻與]	與義					與烔	與[火多]	與燔	與[火穹]	與[火卑]
孟瑜	孟晁	孟琦		孟慔	孟湺					孟億	孟儁	孟健	孟僎	孟仲
					由[王萬]	由[王參]	由[王亥]	由[王少]						

								伯魚						
			師碩			師覞		師道						師白
			希叵		希溋	希綮	希雩	希夔	希遠					希憖
		與煸	與繇	與湎	與晏		與墍	與熽	與佈		與徻		與得	
孟佚	孟佣				孟榣			孟焅	孟湷	孟涀	孟洴	孟瀌	孟徯	

									伯倫	伯盇		伯建		
師回	師璩	師濬							師明	師閱		師栴		師範
希峪		希憉	希恂							希標	希丙	希遇		希遣
		與鋎	與采			與臬	與璭				與珚	與淏	與浚	與蕢
			孟潔	孟濱	孟鋈	孟璣	孟龜	孟墍						

				贈少師、房陵郡公令甄	再贈太中大夫子洙	伯杰				
						伯樫	師煒			
							師點			
							師黯			
							師默	希禮		
								希基		
								希垷		
								希垠		
								希坼		
							師勱			
					中奉大夫子沂	伯樜	師炳	希垚	與仁	孟修
										孟𤤽

					伯椿									
			師灼		師炤									
			希壎		希塀			希城						
與文	與旹	與翔	與軾	與轔	與鍾	與鎔		與佚		與譯	與誦		與譡	與盝
孟仟	孟藹					孟玶	孟玖	孟璕	孟琥	孟銖	孟鎔	孟璪		孟墩
由閌											由登			

		贈武當侯令恂											
三班奉職子淳		子評		訓武郎子衿									
				伯純									
				師學					師倛				
				希愚		希柳	希覺		希篪		希挺		希講
				與親	與沾		與儇	與倄	與鏞	與鑴	與鐳	與錠	與燡

			伯縝											
			師周								師艱			
希杉			希舉		希荚			希淳	希蕁		希巍			
與頔	與料	與輢	與柔	與能	與堦	與坡			與玳		與慧			
孟欐			孟穎	孟津	孟珙	孟璡	孟玗		孟似	孟璹	孟莊	孟陳	孟苜	孟葑
			由壎											

武經大夫子礽
伯平

師朝　師垓　師秉

希鎬　希餉　希滋　希櫝　希憯　希理

與英　與謹　與屉　與芝　與其　與許　與激　與淥　與瀌

孟施　孟需　孟縑　孟絪

秉義郎

子祿　承信郎

子裕

伯紀

師鎔

希午

與貿

孟坤

與仢

與沍

希[illegible]

與諲

與椉

與傪

與儦

伯綸

師濆

希千

希諻

希諄

希諔

師銓

希譆

與矑

						贈正奉大夫令鄕					
					子杜	修職郎子嶢			朝散郎子岷		
	伯經	伯紳				伯栝			伯林		
師汾		師効				師侊	師兪	師柞	師善	師德	師直
		希讀	希⿰忄益	希揭							

贈左朝請大夫	子嶙												
	伯履												
	師愚							師奭				師憕	
	希碩						希謙	希皓	希樂			希墍	
	與鐳	與鐺	與登					與葳	與璠	與玶		與聲	
	孟韙		孟倚	孟佖	孟傍	孟假				孟譛	孟兖	孟徒	孟俫

	師寬	師翺					師贇							
		希劉	希仿		希史	希傾	希崐						希崗	
			與誄	與謍			與侅				與㑦		與伺	與傜
孟徽							孟瀸	孟⿰氵品	孟瀋	孟溦	孟⿰氵調	孟洁		

伯忌

師赤

希崍　希奧　希賢　希虡　希慫

與戾　與溧　與儷　與鎮　與烗　與熻　與頮　與熵　與熢　與澋　與溒　與澻　與蘼　與莆　與茌

孟潩

師偃	希鵠	與倩
		與郜
		與櫶
		與柵
	希象	
	希鵷	與翽
	希鈹	與𤤳
	希渺	與桀
師伊		
師仲		
師傳	希簫	與琕
		與琔
		與鐊
		與銻
	希崧	與鈑

贈朝請大夫子⿰山巠

伯從

師⿱囟巴　師皋　師鄧　師密　師宅

希琑　希鋂　希鑽　希梗　希䚕

與濮　與汯　與憤　與任　與栖　與樟　與忻　與櫟

	伯行										伯衞	伯術	伯衍	
	師庶				師祐				師惁		師暢		師扂	
希鈇	希田	希翼			希回			希倲	希辰				希圛	希自
	與木	與潪	與薪	與陔	與椎	與梳	與枹		與侁	與董				與南
	孟珢				孟珠				孟佗					

贈開府儀同三司令珦										贈金紫光祿大
子仍再贈光祿大夫	子砥									贈銀青光祿大
	伯悌				伯聃	伯范		伯臯		
	師賢			師學		師豚		師冉		
	希顯			希瑀		希害	希暢	希覲		
	與齡		與齯							
	孟瑅	孟瑄								

夫令毦														
夫子崧														
伯慈	伯武								伯起					
	師憲				師忞	師感			師惠			師慤		
	希豪				希亶	希棫	希強	希迻	希璄	希瑳	希璫	希權	希毅	
	與忱	與闇	與恮	與忭								與沼	與瀛	與瀙
	孟溲	孟濡												

						子齵	贈通議大夫子巖					
				伯陽	伯師		伯庬			伯厚		
師懇							師伋	師傞	師佸	師僨	師俑	
希瑊		希琨	希琀							希榷	希送	希逗
與鐔	與鐇											與嚳
	孟惜											

彭城郡公世本

左班殿直令煓　左侍禁令絅　武節郎令鐮　贈江夏郡公令苕

三班奉職子篧　子範　子籗　子策　子磷　太子右內率府副率子筌　三班奉

與訾

職子隆	武經郎	子通												
		伯傑												
		師憸											師嘻	
		希慜		希俣						希質			希機	
		與晥		與時					與晊	與晲			與倓	
		孟稷		孟銲				孟鐕	孟鉡	孟炤	孟㷍	孟熑	孟翯	孟翔
		由侍	由仉	由璡	由琦	由珍	由珙		由浩				由濊	

	希柯	與澺	孟璌	
	希㮚	與葳		
		與礽	孟遇	
			孟遺	
			孟選	
	希杞			
	希松	與境	孟琊	
	希楫	與回		
	希槐			
	希楹	與鋮	孟塑	
師般	希爽	與涘	孟逵	
			孟迥	
			孟澮	由昇
		與澧		
	希效	與玵	孟遭	由徧

						伯俊								
					師悉	師臧								
			希斅	希效	希珊	希元			希汎					
				與玲		與鎖	與鏦	與立	與鏞				與鉥	
		孟𨓈						孟淳	孟逸	孟篷	孟蓮	孟迟	孟鑣	孟迊
由侁	由徠							由渙						

										修武郎	子遵			
					伯仲						伯祥			
					師古						師兔			
希允		希悅		希檳	希慶		希膾		希廥		希璪			
與齊	與鉀	與鐶	與鑽	與鎗	與肓	與家	與宙		與宓		與成	與賚		
孟進	孟迹						孟适	孟邐			孟堛	孟謙	孟詠	孟詗
	由煻											由瑛		

														伯祿
									師石					
		希珖	希玶	希璽		希瀓			希乙		希白			
與棒	與概	與檀	與煣	與熾	與燭	與櫟		與櫪	與蘅		與芞			
孟誨	孟訣			孟鍍		孟諍	孟課	孟熺	孟蘧		孟遒	孟逮	孟遵	
						由鉞			由環	由瓄				

			左太中大夫令高							
成忠郎子遡	子適	忠訓郎子珠	訓武郎子遹							
伯謙			伯褒							伯雍
師湧			師愬							
			希奕			希獻	希奮		希列	
			與瓏	與珊	與瑁		與瑮	與𢹁		
			孟瀼		孟壍		孟衢			

	子選從政郎		子遴從政郎										
伯顯	伯寧	伯賡	伯康									伯勳	
			師瑛	師旴	師睄	師管	師䄖					師謚	師器
			希笄		希琔		希憧						希欲
					與涵		與沕		與淬				與晵
							孟鏑	孟鑢	孟鍱	孟鉏			孟僂

			伯庠											
			師俅					師僻			師倚			
		希邮	希說	希郯	希圜		希𢱧	希諍	希橡	希禋	希曆	希浹		
				與瑾	與忖	與惘			與叶			與抖	與墇	與埬
孟僂	孟俳													

伯顔	伯襄	伯斛	伯宗											
師珖	師琄	師偉						師僼						
希藹		希量		希鋁	希韸	希鍍	希檖	希鐀	希紓	希組	希總		希維	
		與适				與越		與圳	與桥			與槩	與集	與塼

					武經郎令頲							
					忠訓郎子迪						子逌	承節郎子逵
			伯慶		伯言	伯誠						伯譚
	師珃	師璪	師珌			師德	師行	師術	師往	師衡		
希㩋	希蒦	希徹	希渢	希濨								

忠翊郎子邃　承信郎子慥

伯譓

師僳　師複　師逵

希涎　希洑　希杠　希鋌　希据　希欅

與壤　與埒　與璲　與僓　與倆　與澤　與容

孟樒　孟梧

	武德郎令倈										
承信郎子邇	子瀓					武忠郎子濬					
	伯達					伯亨					
	師瑽	師珨		師璔		師裕	師補				
	希孟	希僔		希佹	希屛		希岷				
	與祏	與祇	與祢				與銅	與鍭	與鐁	與鐐	與鑢
	孟偟	孟璯									

西頭供奉官令綮														
子還			子選											
伯回														
師虎						師禋								
希偋				希崱		希岪	希崵				希嵢			希崥
與軻					與鏉	與鏦	與畦	與壐	與晌	與玹	與璪	與鈸	與鐃	與鏶

		師識												師滿
		希立				希示		希綮	希竟	希交	希庚			希退
與範	與椅	與楧	與瑅			與害	與鑭				與琙	與琅	與鋌	與佀
	孟鋇		孟偲	孟偭	孟㑵									

師箴						師業								
希侒			希庬			希斟	希違	希薖	希遺		希逑			
與併	與𨍭	與槩	與桔	與柈	與梔	與櫅			與代	與誠	與威			與錀
孟睦					孟隰						孟鋒	孟涏	孟涬	孟湮

													定國公	世綱
													贈嘉州	防禦使
														秉義郎
			師邵											
	希佚		希伾				希徹							
與奕	與羣	與橅	與貢	與貫	與璫		與楅			與栯		與欐		
	孟玲	孟玻			孟鍽	孟贇	孟溥	孟潟	孟漳	孟洑	孟瀔			

令耦														
子伸														
伯參														
師克		師樂	師談											
希苫			希暉							希曈	希暘			
與涇	與俯		與瓏	與玿	與琽		與⿰王兼	與活	與璙	與昑	與玻	與珆		
孟瑼	孟璪		孟榴		孟漎	孟洄		孟濾				孟⿰木坐	孟櫹	孟棬

								忠翊郎	子侁					
						伯迴	伯思		伯譓	伯詳				
										師珙				
					希腆					希陝				
		與璃		與玶	與璁					與音		與儒		與育
孟樞	孟禁	孟樽	孟桄		孟橞					孟隶	孟昃	孟活	孟襄	孟澴
												由鑄		

									伯誠	伯評		伯詢	伯訓	
					師瓚					師瑅			師瑋	
希陞		希阡			希汾		希灌			希驎	希騋		希夒	
與銖	與鉥	與樸	與椱	與柫	與[illegible]		與亢	與辛					與伹	與仉
	孟涞	孟廉			孟檁	孟櫪	孟烤							孟[illegible]

											伯調			
				師珏	師琛	師珪					師玖	師瓔	師珩	
希嶲			希官	希宿		希容	希甯		希鄩				希陗	
與貽	與賅	與貯		與⿰貝卜		與⿰亻集	與俘	與⿰亻堂	與價				與鐗	與鏊

伯諭

師瑤

希防　希隮　希郛　希隆　希隵　希陘　希陼

與鉻　與褳　與襐　與褔　與祼　與樸　與錕　與櫟　與橐　與棊　與鎛　與鏸　與鏍　與鋒

孟溋

贈房陵郡公令						
子伉	忠訓郎子脩	承節郎子脩〔一〕				
伯鍾	伯鉞					
師璲						
希陞	希隱					
與鐳	與鉉	與鏘	與鋼			
孟杒	孟減	孟時	孟渻			

著												
子訦	修武郎子誘									武經郎子訢		
	伯傑	伯俗							伯侃	伯迁	伯労	
	師沗	師滑									師繩	
	希樜	希熜		希复			希悳	希亶			希粗	希秬
	與琦	與勣		與蝗	與霝	與竦	與代				與鐀	與邉
		孟槮	孟鑄									
		由坑										

	成忠郎	子訓	承節郎	子警			承節郎	子謂	贈秉義	郎子譼				
				伯迨	伯遷	伯逵				伯壽	伯長	伯莊	伯崧	
						師斗							師牧	
						希僪							希棴	希棣
與鈅						與𤩽							與洴	與遒
													孟遞	

								伯櫓			伯里			
	師共	師塡			師異	師惪		師益			師基			
希檲	希釲	希鐕	希鍊	希鏻	希坧	希檪	希鎵	希鑈	[illegible]	希鑣	希隍	希輿		希豐
					與奠			與遷		與迻	與濂	與禐	與禚	與䙖

									伯棈					
	師讀				師雝	師車	師澳	師逢	師緮					
希緼	希楎	希複	希扮	希桋	希絺		希緂	希[礻匯]	希鏄		希鉊	希釤	希鐯	希[金卿]
與襋	與[忄宅]	與憨						與惵	與汧	與激	與汜	與淲	與[土袁]	與逵
									孟祕					

							保義郎子誼						
		伯伉					伯侗						
		師丹		師灌		師浤	師珪		師域				
希鍘	希鋟	希棆	希椹	希朽	希揭	希鐱	希槅	希恟	希棅	希檻		希梲	希棿
與淼		與惂		與璍		與璩			與炷	與[illegible]	與泆	與輨	與鐻

											伯逕			
		師珍								師[illegible]	師衢			
希杋	希怬	希暎				希哈			希曨	希舟	希滫		希柾	希櫄
與[illegible]	與[illegible]	與霄	與雩	與軟	與[illegible]	與倈	與涇	與御			與潽	與淝		與灙

		師戩				師遏			師侖				師[illegible]	師橒
希柄	希枋	希輿		希[illegible]	希柏	希釦	希鑘	希㤨	希鏳		希栓	希焫	希㭗	
	與[illegible]	與祕	與灩	與淀					與澸	與洩		與濼	與[illegible]	

					彭城侯世岳					
贈襄陽侯令奮					武翊郎令秘					
三班奉職子長	忠翊郎子鉊	承節郎子樵		子蕘	承節郎子翼					
		伯浚	伯泳		伯昌	伯峻				
						師郘				
						希顒		希班		
						與倩	與侳	與僦		
						孟[illegible]		孟燈	孟焆	孟[illegible]

									伯福					
					師皂	師絅	師興	師萱	師古					
						希梓	希㯃	希棉	希燔	希炵				希煒
與值	與倈					與璠	與俑	與瑱		與均	與墉	與珏	與瑯	與諵
孟⿰火甘	孟⿰火舟	孟煣	孟涉	孟養				孟衢		孟侗	孟儆			

				師張										師弸
		希焆		希熰	希煒	希炟	希熽	希爌	希灴	希燧	希煜	希焯		希璆
與增	與詠	與堅	與壂	與璨								與杍	與栭	
			孟仍											

								伯頏						伯和
					師[illegible]			師彈	師洺	師霖			師太	師珪
希[illegible]	希[illegible]		希珄		希悟	希懽	希懷			希命	希譚	希計	希訢	
	與屋	與[illegible]	與壘	與埜	與琖									

										令傾	武翊郎			
								子濬	承信郎	子濟				
						伯本	伯成	伯義				伯榮		
						師惓							師璛	師斌
希陲						希輍							希端	
與擇	與拱	與擢	與掄	與挺	與鳳	與斿								

				師制							師盤			
		希覲	希騶	希長	希蔆	希⿰扌堇	希拔	希薳	希撫	希芫	希捷	希曉	希摹	希寴
與掖	與損		與埛		與垚									

	師實				師蕙				師赴			
希攻	希磬			希鑇	希㦒	希夫	希澥	希粹	希篪	希據	希掎	希觝	希捍	希袡
	與噭	與嘻	與焴									

伯齡				伯鴻								
師耑		師壽	師祿	師訶		師郛	師芳					
希邕		希僟		希壇	希墇		希輶		希愔	希樛	希薛	
與鉉	與鈵	與鍉			與縕		與諟	與墠		與鋸	與壃	與堭

								希紹	與錦			
							師部	希郯				
								希纂				
							師璪					

校勘記

〔一〕承節郎子脩　殿、局本作「子絛」。按其兄爲忠訓郎子脩，兄弟不應同名，但改作「子絛」也無實據。